Bordas

Maquette couverture et intérieur: Jehanne-Marie Husson

© Bordas, Paris, 1987 pour le texte et les illustrations
ISBN 2-04-016817-6
Dépôt légal: septembre 1987

Achevé d'imprimer en août 1987 par:
Imprimerie H. PROOST, Turnhout, Belgique

Pour Noël,
nous allons tous préparer le repas.

Jean a mis sa belle panoplie de cuisinier.

anse	citron	goutte
bac à légumes	crochet	passoire
bocal	couteau économe	pelote
cacao	cuisinier	robinet
calendrier	cuvette	rouleau
catalogue	évier	toile cirée
chou rouge	ficelle	torchon

Retrouve les mots dans l'image
mais attention
il y en a un qui n'est pas dessiné.

Delphine ! Tu n'auras plus faim et tu mets trop de sel !

bandeau	filtre	orange
café	grains	pâte
casserole	huile	recette
congélateur	louche	robot
coquetier	moulin à café	sel
coquille	moulinette	surgelés
crayon	oignon	vinaigre

Retrouve les mots dans l'image
mais attention
il y en a un qui n'est pas dessiné.

(orange)

Quelle inondation !
Pierre est bien maladroit !...

chiffon

éponge

essuie-mains

étagère

gants

goupillon

graines

inondation

jardin

lave-linge

lave-vaisselle

linge

marche

oiseau

paillasson

poudre à récurer

râpe

savon

serpillière

table

vitre

Retrouve les mots dans l'image
mais attention
il y en a un qui n'est pas dessiné.

(table)

...Mais il surveille bien
la cuisson de la dinde.

allumettes	cuisinière	marmite
autocuiseur	écumoire	mixer
bouilloire	entonnoir	plaque de cuisson
brûleurs	farine	poêle
cocotte	four	poignée
couvercle	gaz	sablier
cuillère en bois	grille-pain	thermomètre

Retrouve les mots dans l'image
mais attention
il y en a un qui n'est pas dessiné.

(farine)

Faire la cuisine
nous a donné très soif.

bœuf	décapsuleur	riz
bouchon	essuie-tout	souris
bouteille	jumeaux	soupe
cacahouète	placard	soupière
carrelage	plateau	tartine
casier	porte-bouteilles	tiroir
cure-dents	pot	zeste

Retrouve les mots dans l'image
mais attention
il y en a un qui n'est pas dessiné.

Terminons vite la crèche avant l'arrivée des invités.

ange

arbre de Noël

boucle d'oreille

boule

cagoule

caillou

carrosse

couronne

crèche

dînette

écharpe

étoile

guirlande

houx

locomotive

pantoufle

perle

roi

souliers

tente

tirelire

Retrouve les mots dans l'image
mais attention
il y en a un qui n'est pas dessiné.

(tente)

Maman observe du coin de l'œil la préparation des entrées.

asperge	livre	pansement
avocat	lunettes	plafond
champignon	main	poutre
cornichons	maman	prise
fouet électrique	minitel	téléphone
interrupteur	moutarde	terrine
lampe	ongle	vinaigrette

Retrouve les mots dans l'image
mais attention
il y en a un qui n'est pas dessiné.

Et si on en goûtait un tout petit peu ?

buche de Noël

charlotte

chou à la crème

coucou

coupe

crème chantilly

dessert

doigt

fromage de Hollande

fruits confits

gâteau

gazon

gelée

lierre

mousse

nain

pelle à tarte

petits fours

radiateur

scie

tasse

Retrouve les mots dans l'image
mais attention
il y en a un qui n'est pas dessiné.

Voici Arthur qui vient chercher son petit chien.

bec	cuisse	marrons
cage	dinde	mie
chienne	farce	moufles
chiot	flocons	neige
col	givre	papa
couteau à pain	gratin	planche à découper
croûton	homard	volet

Retrouve les mots dans l'image
mais attention
il y en a un qui n'est pas dessiné.

Chut ! Ne lui dis rien !
Le chien est caché avec moi.

buffet	dessous-de-plat	pantin
cachette	fourchette	Père Noël
capuchon	gui	pince à sucre
chaise	horloge	seau à champagne
couvert	hotte	truffe(s)
décoration	jambon	verrou
dentelle	lustre	vin

Retrouve les mots dans l'image
mais attention
il y en a un qui n'est pas dessiné.

mes 200 mots

1 allumettes
2 ange
3 anse
4 arbre de Noël
5 asperge
6 autocuiseur
7 avocat
8 bac à légumes
9 bandeau
10 bec
11 bocal
12 bœuf
13 bouchon
14 boucle d'oreille
15 bouilloire
16 boule
17 bouteille

18 brûleurs
19 buche de Noël
20 buffet
21 cacahouète
22 cacao
23 cachette
24 café
25 cagoule
26 caillou
27 calendrier
28 capuchon
29 carrelage
30 carrosse
31 casier
32 casserole
33 catalogue
34 chaise

35 champignon
36 charlotte
37 chienne
38 chiffon
39 chiot
40 chou à la crème
41 chou rouge
42 cocotte
43 col
44 congélateur
45 coquetier
46 coquille
47 cornichons
48 coucou
49 coupe
50 couronne
51 couteau à pain

52 couteau économe
53 couvercle
54 couvert
55 crayon
56 crèche
57 crème chantilly
58 crochet
59 croûton
60 cuillère en bois
61 cuisinier
62 cuisinière
63 cuisse
64 cure-dents
65 cuvette
66 décapsuleur
67 décoration
68 dentelle

69 dessert
70 dessous-de-plat
71 dinde
72 dînette
73 doigt
74 écharpe
75 écumoire
76 entonnoir
77 éponge
78 essuie-mains
79 essuie-tout
80 étagère
81 étoile
82 évier
83 farce
84 ficelle
85 filtre

86 flocons
87 fouet électrique
88 four
89 fourchette
90 fromage de Hollande
91 fruits confits
92 gants
93 gâteau
94 gaz
95 gazon
96 gelée
97 givre
98 goupillon
99 goutte
100 graines
101 grains

102 gratin	119 linge	136 moutarde
103 grille-pain	120 locomotive	137 nain
104 gui	121 louche	138 neige
105 guirlande	122 lunettes	139 oignon
106 homard	123 lustre	140 oiseau
107 horloge	124 main	141 ongle
108 hotte	125 maman	142 paillasson
109 houx	126 marche	143 pansement
110 huile	127 marmite	144 pantin
111 inondation	128 marrons	145 pantoufle
112 interrupteur	129 mie	146 papa
113 jardin	130 minitel	147 passoire
114 jumeaux	131 mixer	148 pâte
115 lampe	132 moufles	149 pelle à tarte
116 lave-linge	133 moulin à café	150 pelote
117 lave-vaisselle	134 moulinette	151 Père Noël
118 lierre	135 mousse	152 perle

PRINTED IN BELGIUM BY

INTERNATIONAL BOOK PRODUCTION